Exlibris

Este libro pertenece a:

NATALIA MOJICA

8 9
7
5 6
4
2 3
1

Lozano, Pilar, 1951-
    La estrella que le perdió el miedo a la noche / Pilar Lozano ;
ilustrado por Olga Cuellar. -- Bogotá : Panamericana Editorial,
2000.
    36 p. : il. ; 22 cm. -- (Colección OA infantil)
    ISBN 958-30-0774-9
    1. Cuentos infantiles colombianos 2. Estrellas - Cuentos
infantiles 3. Noche - Cuentos infantiles I. Cuéllar, Olga,
1953-   , il. II. Tít. III. Serie
I863.6 cd 19 ed.
AHB3899

          CEP-Biblioteca Luis-Angel Arango

Pilar Lozano

La estrella
que le perdió
el miedo a la noche

Ilustraciones
Olga Cuéllar

PANAMERICANA
EDITORIAL

Editor
Panamericana Editorial Ltda.

Dirección editorial
Andrés Olivos Lombana

Ilustraciones
Olga Cuéllar Serrano

Diseño y diagramación
® Marca Registrada

Primera edición, Carlos Valencia Editores, 1989
Primera edición en Panamericana Editorial Ltda., diciembre de 2000
Primera reimpresión, mayo de 2002

© Pilar Lozano
© Panamericana Editorial Ltda.
Calle 12 No. 34-20, Tels.: 3603077 - 2770100, Fax: (57 1) 2373805
Correo electrónico: panaedit@panamericanaeditorial.com
www.panamericanaeditorial.com.co
Bogotá, D. C., Colombia

ISBN volumen: 958-30-0774-9
ISBN colección: 958-30-0798-6

Impreso por Panamericana Formas e Impresos S. A.
Calle 65 No. 95-28, Tels.: 4302110 - 4300355, Fax: (57 1) 2763008
Quien sólo actúa como impresor.

Impreso en Colombia   Printed in Colombia

A mis sobrinos Santiago y Natalia

Juanito vivía con sus padres en un pueblo muy especial: un pueblo parado en medio del agua.

Todas las casas eran de madera y estaban montadas sobre muchas estacas. Así podían estar en medio de la ciénaga marina sin jamás inundarse. Parecía un pueblo de casas con zancos.

Las calles eran de agua. En lugar de coches había canoas, y para ir de un lugar a otro, en vez de caminar se remaba.

Los hombres se dedicaban a la pesca y en las noches, mientras esperaban a que las redes se llenaran, hablaban con las estrellas. Es una vieja y
bella costumbre de los habitantes de los pueblos del agua.

Las mujeres y los niños hacían lo mismo. Al anochecer, se sentaban
frente a las puertas de sus casas, contemplaban las estrellas y contaban
historias sobre ellas.

Allí Juanito crecía feliz. Tenía una sonrisa y una mirada alegres, como todos los niños de su edad. Era de piel morena, con unas cejas tan pobladas y negras que sus pequeños ojos se veían aún más profundos.

A los dos años ya impulsaba su canoa con un palo y navegaba por el pueblo y por toda la ciénaga. A Juanito le gustaba nadar y jugar con sus amigos en el agua. También navegar solitario y atrapar camarones en un viejo canasto.

Pero un día, cuando se dedicaba a atrapar camarones, una ola volcó su canoa. Ocurrió a las cinco de la tarde, hora en que las ciénagas que están situadas cerca del mar se ven invadidas por un fuerte oleaje.

Las olas tomaron por sorpresa a Juanito, pues estaba entretenido en su juego. Eran tan altas y golpeaban tan duro que voltearon la pequeña embarcación y arrastraron al niño un largo tramo.

Fue tanto el susto que el niño difícilmente logró agarrarse de su canoa. Lleno de espanto, permaneció así hasta que unos pescadores lo rescataron.

Desde entonces Juanito empezó a sentir un miedo que no conocía: el miedo al agua.

No volvió a salir de su casa. Todas las mañanas, después del desayuno, se acurrucaba en un rincón del cuarto en donde dormía con sus padres, y dejaba pasar el tiempo. Poco a poco sus ojos se fueron llenando de tristeza.

Su tristeza aumentaba cuando escuchaba jugar a sus amigos.

"¡Cobardes! ¡Yo les gano a todos!", gritaba muchas veces Pedro, uno de los mayores de su grupo de amigos. "¡Doy cinco caracoles al que la atrape primero", añadía, retando a sus compañeros.

Juanito cerraba los ojos e imaginaba lo que ocurría afuera. Pedro, que no tenía más de nueve años, lanzaba al agua una moneda pintada de rojo y se zambullía velozmente tras ella. Segundos después asomaba la cabeza y la sacudía con fuerza para quitarse de la cara los cabellos, empapados y revueltos. Luego, mientras dejaba brotar una inmensa sonrisa, levantaba la mano para mostrar a todos la moneda rescatada.

Otras veces escuchaba la algarabía que armaban sus amigos cuando jugaban yuleco. Éste es uno de los entretenimientos preferidos de los niños que viven en los pueblos del agua.

Uno a uno se lanzan al agua y el último se dedica a perseguir a nado a los demás; el atrapado se convierte en el nuevo perseguidor. Es tan divertido que juegan hasta quedar completamente agotados.

Al oír el bullicio Juanito sentía unos deseos enormes de gritar y nadar al lado de sus amigos. Pero su miedo no lo dejaba salir; lo mantenía acorralado.

Sin embargo, nunca perdió la costumbre de hablar con las estrellas.

Al atardecer abandonaba su rincón para acurrucarse, al lado de su madre, frente a la puerta de su casa.

Una noche, mientras contemplaba la más bella, pequeñita y juguetona de todas las estrellas, se quedó dormido y soñó con ella.

La estrella del sueño se llamaba María Luisa. Era una niña, y al igual que a Juanito, un miedo muy hondo la atormentaba. En la oscuridad María Luisa sentía verdadero espanto. Por eso odiaba la noche.

Cuando se acababa el día, y llegaba la hora de salir al lado de sus hermanas y amigas para colocarse como un puntico de luz en el cielo, ella se las ingeniaba para quedarse en casa.

Era una tarea difícil: a las seis de la tarde, hora en que el mundo empieza a oscurecer, todas las estrellas se visten de luz. Por esto, María Luisa debía inventar a diario un truco para ocultarse.

Unas veces juntaba las mantas que guardaban en su casa y se escondía debajo de ellas; otras, se embadurnaba de pies a cabeza con betún negro; y otras, se frotaba muy fuerte con una esponja hasta borrar su luz. Así logró engañar a sus hermanas durante noches y noches.

A las seis de la mañana las estrellas regresan a sus casas. Es su rutina.

Las hermanas de María Luisa también lo hacían y tenían por costumbre contar sus últimas aventuras mientras esperaban la llegada del sueño.

María Luisa las escuchaba en silencio. Muchas veces, al oírlas, sintió muy dentro de su pequeño cuerpo de cinco puntas ese cosquilleo especial que produce la envidia.

Cierto amanecer la charla de sus hermanas la impresionó aún más.

"¡Estoy tan cansada!", dijo la mayor con voz verdaderamente agotada. "Toda la noche serví de brújula a un pescador. ¡Fue tan duro! Pero estoy muy contenta. Logré guiarlo hasta su casa, en una isla más allá de todos los continentes."

"Imagínense cómo fue...", añadió emocionada mientras se preparaba para acostarse. "El cielo estaba cubierto de nubes, y yo pasé toda la noche buscando agujeros por dónde asomarme. ¡Cómo sufrió mi amigo el pescador! Lo vi realmente asustado; muchas veces debió pensar que me había escapado y lo había dejado solo en el mar."

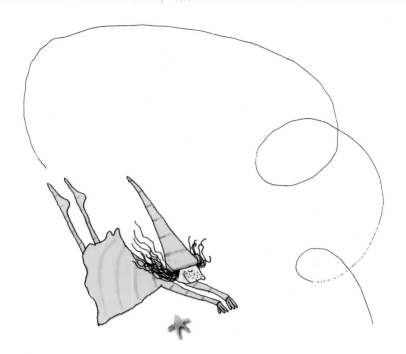

"Pues yo la pasé muy bien", interrumpió con voz juguetona la hermana segunda, una estrella regordeta que tenía la cara salpicada de pecas. "Jugué toda la noche con Taltú. ¿Lo recuerdan?", preguntó a sus hermanas. Y sin darles tiempo a responder añadió atropelladamente:

"Es el enano de piel morena. Ese que nos quiere tanto que fabricó unos binóculos especiales para mirarnos."

Ellas asintieron en coro, pensando en el simpático enanito habitante de Juanandó, un pequeño caserío del país de Turanadó.

"¿Saben lo que cree ahora Taltú?", continuó la pecosa apoyando en el borde de la cama las dos puntas que le servían de brazos. "Él está convencido de que nosotras, las estrellas, cuando jugamos podemos tropezar y caer a la tierra."

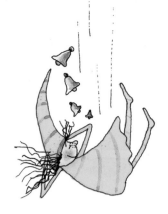

Se escuchó entonces un ruido parecido al que hacen las pequeñas campanas de cristal. Así suena la risa de las estrellas.

"Cómo me divierte Taltú y cómo lo quiero", continuó. "Toda la noche correteé de un lugar a otro por el pedazo de cielo que da justo sobre su casa. Él estuvo pendiente todo el tiempo de mis pasos, creyendo que en cualquier instante ¡tras!, me caería, y él me atraparía con su pañuelo blanco."

"¿Y te caíste?", preguntó curiosa María Luisa.

"Que tonta eres... ¡Si las estrellas nunca nos caemos!", corrigió la pequeña pecosa.

"Ah, cómo me divertí", repitió finalmente, a tiempo que se arropaba con las mantas, envuelta ya por ese profundo sueño que invade a las estrellas cuando en el mundo sale el sol.

Estas dos historias gustaron tanto a María Luisa que, al escucharlas, suspiró muchas veces, y mucho más profundo de lo que normalmente lo hacía al oír las aventuras de las estrellas que no eran miedosas. Por esto las hermanas se dieron cuenta de su dolor.

Al día siguiente tomaron la decisión de salvar a María Luisa de ese miedo que no la dejaba brillar en el cielo y que la estaba convirtiendo en una estrella triste. Julieta, la hermana tercera, concibió un plan:

Los ciclones, los huracanes y los vientos cósmicos son frecuentes en la ciudad de las estrellas. Para protegerse de la violencia del viento, ellas mantienen las puertas cerradas. Así nada temen; al contrario, lo que podría ser una tragedia se convierte en diversión.

Sus casas, suspendidas en medio del cielo, suben, bajan y dan vueltas cuando pasan por allí los ventarrones cósmicos, los ciclones, los tifones y los huracanes.

El plan de Julieta era sencillo: fabricar un falso ciclón que arrojara a María Luisa de la casa para obligarla así a conocer la noche.

Ese atardecer las hermanas salieron
muy bien arregladas a cumplir su jornada.
Minutos después, los suficientes para que la
estrella miedosa no sospechara nada, regresa-
ron, y con ayuda de vecinas y amigas empeza-
ron a mover la casa como lo haría un ciclón.
Entre tanto, la pecosa abría de par en par puertas y
ventanas.

Al sentir el movimiento, María Luisa pensó que se trataba del comien-
zo de un ciclón común y corriente. Por eso no se asustó. Pero de repente,
¡suaz!, salió despedida de su casa y se encontró, por primera vez, sola en
medio de la oscura noche.

Y fue una bella revelación. Descubrió que la noche y la oscuridad no eran como ella las imaginaba.

Sintió un inmenso placer al ver cómo todo allá abajo se iba llenando de luz... María Luisa jamás había visto a los faroleros en su tarea de encender, una por una, las luces que iluminan el mundo durante la noche.

Vio también a los pescadores preparar sus redes para hacerse a la mar, y a cientos de parejas cogidas de la mano en los parques y jardines.

Pero la más bella sorpresa la tuvo al descubrir a los habitantes de los pueblos del agua. Acurrucados frente a sus casas, miraban fijamente hacia el cielo. Al notar que la observaban, María Luisa sonrió coqueta.

Su único deseo esa noche era conocerlo todo. Sus hermanas le dieron la primera lección sobre cómo guiar a los marineros; la pecosa la llevó a jugar con Taltú, y la mayor le reveló los secretos de las estrellas para arrancar profundos suspiros a los enamorados.

Fue tan feliz que olvidó para siempre el miedo.

Y cuando María Luisa regresó a su casa a las seis de la mañana, como todas las estrellas, Juanito despertó de su sueño. Salió de su casa y se unió, confiado y alegre, al grupo de amigos que jugaban en el agua.

Aun hoy los viejos del pueblo de la ciénaga cuentan a los forasteros que justo a partir de ese día, el día en que Juanito perdió el miedo, todas las noches se detiene a conversar con la misma estrella. La más pequeñita, la más luminosa y la más juguetona de todas.

Para Naty
con mucho cariño
y amor de su abuelita.
Édelma

Dicie. 2002 - 2003 -